강시연 제2시집

무거운 햇살

GAP

시인의 말

나의 중심은
언제나 잡히지 않는
내 안에 있다.

위로도, 아래로도
닿이지 않는 공허 속의 수렁……

이순 지나 〈무거운 햇살〉에
그 중심을 옮겨놓는다.

차례

시인의 말 ● 3

 제1부 *토르의 안장*

새해 아침의 기도 ● 10

버건디 ● 12

갱년기 ● 13

위량 못 ● 14

뱀파이어의 입술 ● 16

격물치지格物致知 ● 17

다대포 갈대습지 ● 18

토르의 안장 ● 20

나비 ● 22

여울목 ● 24

고추장 ● 27

양남 바다 ● 28

나무가 된 어미 새 ● 29

염소자리 ● 30

가을 소묘 ● 32

손 내밀어 주소서 ● 34

노란 물감 한 박스를 구해야 할까 봐요 ● 36

잔혹 동화 제2부

그늘목 • 38

안개주의보 • 40

김제 역전에서 • 41

통도사 고목 • 42

시월의 마지막 밤 • 44

터널을 빠져나가는 사람들 • 45

평행이론 – 비비안 마이어와 빈센트 반 고흐 • 46

봄밤 • 48

중심을 고쳐 세우고 • 50

잔혹 동화 • 52

대변항 • 54

악다구니 • 55

히키코모리 • 56

속셈 • 57

상추 – 라푼젤 • 58

둥근 것들 • 59

기적 수업 • 60

제3부 바람의 색

배내골 • 62

5월의 이팝나무 • 64

구멍가게 • 65

맨드라미 • 66

나목 • 67

벌레 입가의 나뭇잎 • 68

주전 몽돌 • 69

기장 앞바다 • 70

수국 • 71

바람의 색 • 72

사랑가 • 73

의류함 • 74

4·19 거리행진 • 75

무거운 햇살 • 76

비요일 • 77

틈 • 78

가을 길 • 80

봄 양동이 **제4부**

도토리 • 82

비문碑文 • 83

사슬 • 84

화석이 되다 • 86

내 삶에 저녁이 오면 • 87

손끝에서 놓아버린 뭉텅의 시간 • 88

야근 • 90

오징어 게임 • 92

동태찌개 • 94

염殮 • 96

봄 양동이 • 97

냉이 • 98

달무리 • 99

간판 • 100

달개비 • 101

Happy box • 102

| 작품해설
감성적 일탈(逸脫)과 치열한 삶의 양상
– 강시연 시인의 『무거운 햇살』과 시적 관망 • 103

엄창섭(가톨릭관동대 명예교수, 「모던포엠」 주간)

제1부

토르의 안장

새해 아침의 기도

멀리 핏빛으로 일어서는 놀
바다가 흥건하다

기다림은 칼바람 속에서도
간절한 기도로 서는 것

수평의 끝 간이역에는 시동을 건
금빛 열차가
맥박을 두드리며 달려온다

치솟을 듯 검은 바다
힘을 다해 먹빛 구름을 뚫고
수평선 위의 오메가, 붉은빛을 올렸다

쉬익, 쉭 타올라라
간절한 불씨에 불을 당겨라
하여 병든 젊음에게 한줄기 빛발을 내려다오

검은 바다는
하얀 물소 떼처럼 내달려와
갯바위에 산산이 부서져
물보라로 치솟아 오르고 바다가 된다

끝없이 끊임없이

버건디

태양의 입김이 닿아
여름 한가운데로
총알총알 튀어나온 흰 꽃잎
어느 순간에 땅으로 쓰러져 소멸된다

초록과 빨강은 한통속
눈 감았다 뜨면
푸름은 늘, 붉음이 된다

따 모은 복분자 한 소쿠리
달콤한 꿈가루 덮어쓰고 잠들면
발효되는 검붉은 핏방울

삶이란, 순백한 소녀가
눈물 한 모금 붉어지도록 마시고
깊은 가을길로 걸어가는 것이다

소실점 끝 아득히 깔린
짙은 노을 향해 레퀴엠이 흐르는
그 길을 걸어가는 것이다

갱년기

어딘가 고장 난 게 분명하다

한 번씩
무아의 세계로 빠져든다

뒤늦은 붉은 칸나가 얼굴에 피어나고
점점 생겨나는 그늘 속에서
힘을 놓는다

창밖 먹물 삼킨 산마루
둥근달이 기웃기웃 들여다보고 있다

내 몸은 침엽수림에서
공중부양 중이다

저녁 식탁에서
쏟아낸 가시 돋친 말들

살갗이 바늘잎에 슬키듯
불편한 밤이 지나가고

흰빛이 창으로 들면
물기 젖은 창백한 달이 누워 있다

위량 못

그곳에 젖어 오지 마라

천 년 모은 비가 한자리에 고여 앉은
깊고도 푸른 곳

물안개 잔 물살 저어 떠밀려 오면
학 한 마리 춤추다 사라지는 곳

이팝나무의 전설이
오묘한 비밀 그대로 고여 있다

나이 든다는 건 수려해지는 것
하얀 꽃을 수북이 단 늙은 나무
몸을 비비 틀어 물을 향해 간다
곧, 흙신발을 벗고 뛰어들겠다

못 주변 것은 모두
나르시시즘에 빠진다

청동거울 같은 물빛에
나무와 산, 해와 구름도 빠졌다 가고
한밤엔 달도 물에 앉아 제 빛에 흠뻑 취해서 간다

그러니 젖어 오지 마라 그곳에

커다란 초록 눈 하나가 있다
눈동자 속에 분분히 날려 투신하는
하얀 꽃잎들

시치미 뚝하고 끌어당기는 힘,
산란하는 윤슬

뱀파이어의 입술

들녘, 발길 끊긴 자드락길
능선을 따라 눈길 그으면
숫눈 덮고 나부처럼 누운 모습
뇌 속에 박힌 문신이다

누구도 피할 수 없다
창백한 얼굴에 남천 빛 입술
정신이 혼미해지고
목덜미에 꽂히는 송곳니

오그라지는 몸은 바닥을 구른다
파리하게 떨어져 쌓이는 사체들
갈변한 표정 숲속에 묻는다

절정의 뜨거움을 위한 차가움
숨이 끊긴 팽배한 고요

쉿,

해동하는 에스터 여신이
뒤척이기 시작한다

격물치지 格物致知

우비에 부딪혀 부서진다
그칠 줄 모르고
맨몸으로 받는 비의 두드림

키를 늘려 붉어지기 시작하는 고추
비를 견디고 서 있다

이 악물고 있는 풀도
빗물에 힘을 놓고 와불처럼 눕는다

직선으로 꽂히는 비
물웅덩이에선 힘을 잃는다

작은 원에서 퍼지는 원은
게으르고 무거운 마음과 함께
울려나가 사라지고 생기고······
수많은 동그라미

다 젖은 것은
더 잃을 것이 없다

우비 입은 등줄기로
내리치는 죽비

다대포 갈대습지

방부목으로 길게 이어진
바닷길에는
바람으로 우려낸 시어가 있다

스테이지에 오른 사람들
가슴 난간에 핀 풍란 같은 시문 하나
건지러 바다를 향해 간다

한 발만 딛고 오르면
복도 끝 바다에 닿을 수 있으련만
뿌리 자라 뻘에 박힌 발
한 발도 움직일 수 없다

노을이 붉은 신호등을 켜면
빛의 세상은 어깨 밑으로 감추고
물때처럼 어둠이 수평선 끝에서 몰려온다

시린 밤바람에 온기를 채우려
잎새끼리 비비적비비적
은유를 사각이며 운다

황색 등에 퇴근을 준비하는
서쪽 하늘의 지샌달

"일어서는 너희가 영화英華*인 걸"

*영화(英華) : 뛰어난 시문을 은유적으로 표현

토르의 안장

제우스의 창이
하늘을 찢었다

하늘의 흑마가 휘이힝,
갈기를 휘날리며 내려온다

진동하는 말발굽 소리
물보라가 일어난다

나무 위, 차 위, 길 위로
하얀 물 알갱이들이 튀어 오른다

붉게 익어가던 사랑,
갓 핀 꽃, 시든 꽃 낙하되어
바닥에서 구른다

향기를 안고
절벽처럼 무너지고
씻겨 내려간다

검은 말들을 쏟아낸 텅 빈 하늘
적나라하게 드러난 폐허

무기력하게 버려진 호미 하나

지나간다 모두의 곁에서
멀어지는 말발굽 소리

번개에 콩 튀기듯
바쁜 푸름이 지나간다

나비

1.

땀방울이 목덜미에
하루를 박음질하고 있다

하얀 나비 한 마리
열린 창으로 날아와
어깨 주변을 빙빙 돌다 내려앉는다

'어찌 여기까지 왔느냐,
널 따라갈 끄나'

오던 길 다시 돌아 빌딩 숲으로 날아가는 나비

살아생전
두부만 만드시던 울 할머니
환생해 오신 걸까

땀방울의 질주는 계속되고
시침질을 마저 하지 못한 나는
따라가고도 싶었다

2.

우뚝 솟아 있는 빌딩이 즐비한 도시
낯선 골목을 접어드니
파스텔 그림 같은 바다가
날개처럼 펄럭이고 있다

시어 하나 낚지 못한 그녀는
망막의 셔터만 눌러
바다를 담아 온다

온기 없는 반듯한 사각 안
최고를 향해 달려가는 사람들 속에서
나는 내 몸에 편한 옷을 짓는다

여울목

1

소슬바람이 불자
바람 속에서 거문고 소리가 난다

비닐하우스 위로 새는
제 그림자를 벗고 가벼운 몸짓으로 날아간다

어디선가 들려오는 휘이휘이
농부들의 새 쫓는 소리가 들린다

추수 끝낸 논 주변 전봇대
까마귀들이 새카맣게 줄지어 앉았다가
떼를 지어 향유하는 순간
새의 무리는 이미 검은 파도의 흐름이다

리더의 지휘 아래
발레리나의 우아한 몸짓과
절도 있는 퍼포먼스
바람을 타고 멈추다 오르고
뫼비우스 띠처럼 돌고 돈다

2

겨울이 강의 살갗으로 미끄럼을 타고 온다

칼날처럼 서슬 퍼런 살얼음 두른
강 한복판

검은 새 무리는
한 몸으로 움직이는 덩어리
따닥따닥 붙어 체온을 나눈다

발소리가 들리면
골목이 생겨난 섬이 되고
발소리 멀어지면
다시금 각기 작은 섬이 된다

3

강물은 얼음 밑으로 흘러
시린 강의 무르팍을 쓰다듬고 아래로 쏟아진다

음악 같은 소음이 자잘자잘
작은 소용돌이를 만들고 흘러간다

고추장

그 속엔 빨강만 있는 게 아니지

떡잎부터 아는 연둣빛과

순수 한 모금 떠 마신 꽃 핀 청춘과

어깨 위 무거운 군장을 걸친 아버지의

짙은 녹색이 들어 있지

꿈꾸는 생, 소용돌이치는 천국의 관문

엿같이 달달한 순간, 순간들
큼큼한 발성으로 오는 저녁
짭조름한 소금으로 정화시켜
돌리고 돌리고 돌리면

아, 빨갛게 숙성하는

양남 바다

태양에 달궈진 커다란 양재기에
쪽빛 생이 끓고 있어요

다시마가 너울대며 우려지고
은빛 멸치가 파닥거려요

희비 곡선 같은 파랑이
국수 가락을 끝없이 뽑아내요
출렁이던 허기도 하얗게 말아올려요

바다를 삼킨 양남엔 국수공장이 있어요
대여섯 단의 국수라도 살까 봐요

후루룩 바다째 말아먹고 싶은 거죠

그리운 바다를 채우고 나니
그대의 온기가 출렁여요.

나무가 된 어미 새

버릇처럼 지저귑니다
둥지 속 첫째 깃털만 생기면 가야지
첫째를 품다 둘째 생기고
셋째, 넷째가 태어나고
정녕, 날개를 접었습니다

체면치레, 이치 따지느라
우듬지가 휘어지도록
부리에 화마통 불을 뿜는 수컷
고된 시집살이

앙상한 가지에 살 비듬 흩날리고
발톱에 뿌리가 생겨 땅에
박히는 것도 잊어버린 큰 새

윤기 나던 깃털 바람에 뽑혀가고
관절마다 어긋나 삐걱여도
새끼 사랑만큼은 끊임없이 그려내는
하늘 도화지의 붉은 하트입니다

새끼 새는
어미새의 잔뼈, 가지에 앉아
해종일 노래를 부릅니다

염소자리

동굴 바닥을 긁는 소리가 난다
옆집 농장 할아버지 품에 옮겨진
새끼 염소에서

마른 나무 같은 몸, 옹이진 손
염소의 초록 국수 베느라
늘 구부정한 할아버지

보이지 않는 말뚝에 매어
바깥을 나가 본 지 오래다

새끼 염소가 자라 새끼를 낳았고
먼 동네로 팔려가자
할아버지 밥 먹자는 소리는 우리 밭까지 울렸다

이슬 돋는 새벽부터
12궁 별자리가 내려다보는 밤까지
소주 댓병으로 하루를 버티시는 할아버지

새참 먹자는 소리가
바람에 찢고 들려온다

그늘막에 앉으니

뿌연 국물에 붉고 거무스름한
고기를 한 대접 퍼 주신다

"앗, 그게…… 마른 풀을 먹여야 하는데
젖은 채로 먹였어 내가"

말씀하실 때 눈빛은
목동의 신,
판의 외로움이 묻어 있다

초대된 푸른 축제에
이유를 모르고 쫓겨가다
주문이 뒤죽박죽된 물 반 염소 반
물고기의 전설 같은
고깃국물에선 비릿한 물고기 맛이 났다

가을 소묘

속눈썹 사이로
파란 하늘이 열린다

하늘 속으론
바지랑대 물구나무서기를 하고

그 위로 고추잠자리
쉬다 다시 나른다

소녀는
잠자리 잡으려 살금살금

쑥부쟁이 하얗게 핀 들판 지나
갈대가 손짓하는 언덕 넘어

어느 순간
햇빛에 반짝이는
키 큰 미루나무 아래 서 있다

그녀의
머리카락이 반짝인다

붉은 노을 바라보는
그녀의 속눈썹도 반짝인다

손 내밀어 주소서

연둣빛에 시선이 자꾸 끌렸다
작은 손에 잡힌 청개구리
어색한 눈이 딱 마주친다

삼촌 다락방에 꽂혀 있던
'표본실의 청개구리'
제목이 내 입에서 툭 새어 나온다

주머니 속 연필깎이 칼로
하얀 배를 가르는 순간
하늘이 찢어진 듯 섬광이 번뜩이고
어둠을 머금은 비가 쏟아졌다

우리는 동네를 향해 내달렸다
놀란 망아지가 된 우릴 따라붙는 소리
숨이 차다
가슴팍이 아프다
제발 살려 줘

갑자기 비가 멈추고 햇살이 뜨거워진다
아니, 비는 아직 내리고 있다
시커멓게 개울가 저편에서

휴……

아직도 놀란 아이처럼
툭하면 겁먹고, 눈치 보고
그늘로 숨어들길 좋아하는 나는
내장까지 다 보이는 표본실의 청개구리

신의 발아래서

노란 물감 한 박스를 구해야 할까 봐요

꽃집의 고명 프리지어 한 다발
구석 자리 고개 민 애기똥풀 한두 송이
샛강에 핀 수선화 한 움큼
야윈 개나리 울에서 한 아름

노랑은 무게가 있어도 없어요

한쪽 방향으로 돌리며 끓여요
정성이 있어야 하거든요
마지막엔 레몬즙, 눈물만큼 뿌려요

그래요
봄 깨우는 노랑물을 만들어요

겨울 바다 위를 걸어서
고비사막 건너온 당신에게 한 바가지씩
뿌려줄까 봐요

출렁이던 눈물은 사라지고
노란 꽃이 만발한
웃음이 쏟아질 거예요

노랑 물감에 같이 앉기로 해요

제 2 부

잔혹 동화

그늘목

도시 한복판에 우두커니 서 있어요
한낮 땡볕이 머리 위로 쏟아지면 그늘을 키워요

아마도 제 본향은 숲이었을까요
흐릿한 의식 속에 이웃이 보여요

심장에서 데운 구불구불 핏줄기
따라 오르면 선을 넘지 못해요

겉 자란 정수리 잘리고
불쑥 솟는 감정도 싹둑 잘려 나가요

평면을 고집해요

내 몸 아래 있던 사람들은
초록불이 켜지면 떠나가요

시간은 오른쪽으로 돌고 돌아
어디선가 산들바람이 불어오죠

밋밋한 머리 위 고추잠자리
초록빛 머리카락을 터치해요

외다리로 서 한 곳만 응시하는

안개주의보

찔레꽃 하얗게 웃고 있는 산등성이
우두커니 바라보시다
"저 산 오르락내리락 반질반질하게 다녔지
몸보다 둥치 큰 갈비 한 동 머리에 이고
어둑한 산길을 내려왔지
아이들만 생각하면 하나도 힘들지 않았어"
노래처럼 말씀하시는 어머니

머릿속, 안개가 펼쳐지는 시간은 늘어나고
맑게 갠 시간의 꼬리는 짧아지고 있다
연무가 스미면 삭제되어 가는 기억들

자주 오지 못하는 자식들에게
"난 괜찮다 어서 오너라"

"누군교?
찾아주셔서 고맙심데이"

이젠 자식들에게도 가끔
안개가 끼는 날이 오고 있다

깊은 안갯속으로 사라지는 어머니
가시는 걸음걸음 찔레 향기 그윽하게 밀려온다

김제 역전에서

허름한 야전점퍼
흙이 반쯤 묻어있는
검정 고무장화 신은 아버지

자전거는 막걸릿집 옆 전봇대에 기대놓고
온종일 기차 굉음에
귀 기울인다

역전에 쏟아지는 사람들의 행렬
눈에 넣어도 아프지 않을 딸아이
행여 놓칠까 자라목이 다 되었다

얼굴이 붉은 건
막걸리 탓만은 아니다

기찻길 너머 노을 지는 벌판을
터벅터벅 걷는 아저씨
끌고 가는 자전거에는
허름한 기다림만 쓸쓸히 실려 간다

통도사 고목

겉옷만 걸어 놓고
몸은 세월 속으로 숨으셨어요

외투를 보며
거목 하나를 그려 봅니다

새들이 우르르 날아오고, 날아가고
바람도 마구 흔들다가도 잠시 쉬었다 가고
별들이 몰래 놀다 화들짝 돌아갔을 가지
쉭쉭, 파란 캔버스에 그려 넣어요

봄엔 연두 부리, 햇살 모이 쪼아먹고
여름날엔 울울창창
파란 하늘을 빼곡히 채우다
가을이면 천연색 물들여 찰나적 화려함에
도취 되게도 하였지요

천년 세월 견디며
살아냈을 당신의 숭고한 인내
감히 다 담아내진 못해요

무수한 세월에 산화되어

우주로 가 별이 되었나요

당신의 외투는
허공의 못에 잘 걸어 두고서

시월의 마지막 밤

얇은 얼음장 같다

돌 하나 던지면
깨질 듯 팽팽한 밤하늘

미사의 창백한 밀떡 하나와
별 부스러기 몇 개 걸려 있다

노랗게 떨고 있는 가로수
옷 조각을 한 겹 한 겹 바람에 날리고

조각들은 바람을 안고
시월의 마지막 밤을 구른다

더운 포도주 한 잔
마음 데워 줄 그리운 그대
생각 나는 밤이다

터널을 빠져나가는 사람들

베개 속통을 박는다
숨 가쁜 구멍으로 깃털을 집어넣는다

얽히고설켜 소용돌이치기 시작한다
아비규환 입구를 재봉틀로 드르륵 박는다

빵빵하게 부푼 속통은
기어이 약한 틈으로
압이 터져 나왔다

갇혀 있던 깃털은 흩어져
하늘로 치솟아 날아가고

쏟아져 들어오는 빛살에
깃가지를 틀어 서서히 지상으로 내려오는 날개

신이 벗겨진 사람들
순종은 밝은 곳을 지향할까

터진 솔기 사이 햇살이 비집고 와
살집을 집어 얼키설키 꿰매기 시작한다

평행이론
– 비비안 마이어와 빈센트 반 고흐

롤라이 플렉스 카메라는
인파 속으로 걸어간다
깃가지 모습이 배경에 걸터앉아
피사체 안으로 빨려 든다

그녀는 조용한 카메라
입을 연 사진 속에서
살아 있는 詩를 짓는다

붓질에 눈 뜨는 별빛
그가 보는 풍경은 꿈틀거렸고
태양은 금빛 옷을 꺼내 입었다

식은 등 돌리며 저무는 장면과
이젤에 해바라기 심는 붓질
마음결 잃지 않는 고독한 예술가

맑은 두 영혼이
밤하늘에 둥글게 별무리 지어
찰랑인다

렌즈와 캔버스는

자신만의 우주로 가는 통로
피라미드 앞 말 엉덩이와
감자를 먹는 사람들
지금 액자 안에서
우리에게 말 걸어 오고 있다

나무를 꽉 잡고 있던
이파리 한 장마저 보내고
눈길 한 번 받지 못한
쓸쓸한 생이 사라지고서야
세상에 빛을 내는 詩

카메라와 붓은
서로 시공간이 다른 세계에서
같은 레일을 달려간다

열차 타고 우주를 몇 번 돌아와
책에서 티브이서 혹은 거리에서
어디에서든 볼 수 있다

비스듬히 보면
인파 속에서 웃고 있다

봄밤

폭죽처럼 쏟아지고
찰나로 사라지는 환장할 봄

동천 곁으로 새로 세워진 키 작은 나무들
한 해 두 해 지나자
제법 밝은 꽃불 밝힌다

꽃고물을 발라 놓은 듯 쭉 뻗은 팔
바람이 스칠 때마다 벚꽃잎이 흩날리는
강의 옆구리를 걷는다

강물은 돌다리 사이로 재잘재잘 흐르는데
새들은 검은 강물 위로 뭉쳤다 흩어지며
유영한다

연분홍 조명 아래 뛰기도 하고
손잡고 걷는 연인
찔레꽃 붉게 피는 남쪽나라 내 고향……
다른 이가 지나가도 열창하는
대머리 아저씨
귀에 수혈하는 음악, 꽃비 속을 흐느적 날듯
학이 되어 춤을 추는 사람

시선 잡아끄는 수상한 사람, 사람

하, 언제까지나
곁에 동여매고 싶은 밤

중심을 고쳐 세우고

건널목을 뛰어 건너다 발이 엉켰다
얼굴이 땅에 닿을 찰나
골절을 마다않고 땅을 밀쳐
얼굴을 구한 손가락

발칙하게 우뚝 선 깁스
두 배로 할증된 할머니 말씀이 들렸다
조신하지 못하고 쯧쯧······

할머니는 왕족의 이씨 문중
가난한 양반가로 시집오셨다
목소리는 낮았으나 기죽지도 않으셨다
의연 중 몸가짐에 기품이 묻어 있다 할까
식구들도 상스러운 말로 다투는 일은 없었다
나 역시 욕 한 번 하지 않고 자랐던 터

서울 올라간다 할 때 할머니는
"무슨 일을 하든 중심을 잃지 말거라"
하지만 나는 전사로 살아내야 했다
나의 노동요는 하드락 혹은 메탈 음악
늘 액션 영화를 좋아했다

어느 날 막차가 내 앞을 지나가고
빛의 속도로 달려 겨우 버스기사와 눈을
맞췄는데 쌩, 하고 가는 장면도
더운 입에서 나온 소리 "뻑 Q"
순간, 놀람과 동시에 가슴속
통쾌함이 솟구치는 장면도
모두 육십 길에 이르는 승강장

조신하지 못한 아줌마
중지 허공 아무 데나 찌르며
종점을 향해 가고 있다

잔혹 동화

망토를 두른 사나이가 나타날 때마다
마을 아이들이 사라졌다

덜컹이는 차 안 어둠에 갇힌 눈동자들

깊은 숲, 공장으로 끌려온
아이들은 모두
초록 옷을 입었다

같은 머리, 같은 표정이 찍어낸
장난감, 마법 지팡이, 마법은 일어나지 않았다
제대로 못하면 어김없이 찢기는
통증이 등으로 번졌다

깊은 숲, 사냥꾼 눈에 들어온
커다란 얼음 요새
시퍼렇게 변해가는 사람들

흑기사로 변한 사냥꾼 요새로 가
망토의 사내를 사로잡았다
그를 처단하려는 순간, 왕의 전령이 왔다
원래 그는 거리를 깨끗이 해주는 청소부니 멈춰라고 했다

망토의 사내가 사라지자
성은 파괴되어 녹아내리기 시작했다

몇십 번의 강물이 얼었다 녹는 동안
물이 되지 못한 유빙이 강물 따라
흘러가며 벽을 찌르고 있다

대변항

마주 선 등대 사이로
밤공기가 불빛을 불러들여 항구를 밝힌다

뱃노래도 멈춘 지 오래
그 옛날 멸치 몇 마리 분수대에서 돌고 있다

언제쯤 어부들의 구성진 가락이 다시
들리려나

정박해 놓은 어선의 쓸쓸한 노래에
파도만이 박자를 맞추고

쓰르라미, 힘찬 뱃노래를 대변하듯
계절을 당기는 주문을 왼다

바다의 물결을 닮아서
바다와 한 몸이 되었을까

저기, 먼 곳에서 은빛 파도가
톡톡 솟구치며 달려오고 있다

악다구니

서울역 광장 계단 끝에 위태롭게 서 있다

밥 달라 보채는 고양이 처연한 얼굴로 얻은
천 원짜리 소주가 발 옆에 서 있다

날아가고 싶다 따뜻한 품으로
발돋움하면 날 수 있을까
부서진 날개로는 날 수 없지
명치끝 뜨거운 감자가 걸렸다

순간, 짐승의 포효하는 소리
허공을 딛지 못한 다리는
세상 사람을 향하여 날았다

그 눈빛은 두려움을 숨긴
막다른 골목의 길고양이 닮았다

히키코모리

심장을 찌르는 가시
어깨를 향하여 밀어내렴

벽을 깨,
다른 세상이 보일 거야

몸 밖으로 뻗은 가시에
갈래갈래 퍼지는 갈퀴 사이
바람결도 잘 통하는 내구성이 견고한
모시 망으로 진화된 날개를 펼쳐

한 번 움직여 봐

저기 우뚝 서 있는 푸른 숲
고단한 날개 내리고 잠을 청하는 보금자리가 되고
저 아래로 펼쳐진 바다는
너의 꿈 실현시키는 이상이 되지

햇살은 뻐근한 너의 몸에
윤활유가 되겠지

날아, 부릉부릉
푸른 창공을 향해

속셈

간장빛 눈동자는
이쪽 눈꼬리에서 저쪽 눈꼬리로
바삐 굴린다

먹잇감을 주우러 가야
물 새는 통장 구멍도 메꿀 수 있는데

엄마가 되었다가, 딸이 되었다가
여자였다가, 아줌마였다가
노동자였다가, 가정부였다가

흩어졌다 모이고
모였다 흩어지는

어디로 튈지 모르는 그녀는
공을 쫓는 선수다

D자 몸통 굴려 어디를 튀려는데
주머니 속 동정 몇 알의 아우성

눈동자 하나가 뚝 떨어져 굴러간다
둥글게 도는 지구 위로

상추
- 라푼젤

너의 긴 머리가 좋아
당신은 말했어요

매일 아침 텃밭 귀퉁이에 앉아
붉은색 머릿결을 빗어넘기죠

하루하루 지날 때마다
꽃이 떠나가고 다른 관객들이 떠나가요

비가 오면 빗물을 끌어안아 봐도
잡히지 않아요

당신의 발자국 소리에 귀 기울여요
머리카락 만져주는
당신의 손길을 기다리는 거죠

목만 뻐정하게 길어지고 있는데
이러다 화석이라도 될까 봐요

둥근 것들

환한 달 속에
푸근한 미소 보내는 할머니 얼굴

삐진 마음에 건네주는 보름달 빵
포슬포슬 부서져 녹는 내 맘

닭똥집처럼 오물오물 먹는
아가의 입

물빛 속에 세상 풍경 담은
새벽이슬

사랑하는 이에게
굴러가는 웃음소리

이 모든 게
내가 둥글어지고 싶은 이유

기적 수업

가사문학 길, 즐비한 배롱나무
푸른 산천을 배경으로
붉은 시절가조 한 소절 읊조리는
한적한 산언저리 요양병원

면박하던 노란 카나리아
내가 아픈 이유를 이제야 알겠어
나는 카나리아, 독수리가 되었어야만 했어

무념무상,
모든 걸 내려놓고
내 안에 평화를 들여야지

도 닦는 일이 별거야
그냥 사랑하는 일이지

회복하고 치유하는 일이
배롱나무의 백일기도처럼
노래하는 일이지

제3부

바람의 색

배내골

그녀의 식도는 길다
긴 검은 입속으로 한참을 빨려 들어간다

아치형 밝은 빛 속 세상이 반겼다
그 속엔 칡넝쿨이 실핏줄처럼 뻗쳐 있고
내장을 타고 흐르는 맑은 물을 마시고
야생 배, 사과가 자라나고 있다
바람을 져나르는 억새밭
허파꽈리가 부풀었다 줄었다 하며
파안대소를 한다

협곡에서 내리치는 파래소폭포
힘이 넘쳐 물빛이 푸른 멍으로 가득 찬다

순교자의 숨결이 숨어 있는 곳
영혼을 위로하듯
밤의 아리아가 물결을 타고 흐르는 숲

그곳에 빠지면
청산녹수에 허우적거리다
나도 모르게 푸른 물이 눈빛에 뇌 속에
피 속에도 스며들 수도 있겠다 아마도

어서 빠져 나오시라
그녀가 뱉어내기 전에

5월의 이팝나무

밥 짓는 일은 얼마나
성스러운 일인지 이제 알겠다

아픈 엄마에게 밥 한술 먹이고 싶어
가라앉힌 슬픔 뜨물과 함께 씻어내
쌀을 안친다

입에 넣으면 안 삼키고는 못 배기는
밥이 되어라

생의 밥 한술 지어
누렇게 떨어지는 이팝꽃
그의 일생을 영상으로 되감듯이
다시 하얗게 부풀어 피어나는
윤기 오른 밥알

속에 눌어붙은 검은 이끼
하얀 밥으로 소멸하길 기도하며
말갛게 말갛게 씻어 내었다
그렇게 하루가 사위어 갔다

구멍가게

가게 앞에서 뿌리 뻗은 골목
아이들은 골목을 타고
모두 가게 앞으로 모이지

통통 튀며 고무줄놀이 하는 친구들
바라보는 작은 소녀가 있다

코피 터져
엄마가 길섶 키 큰 쑥대를
찢어서 막은 코는 맹맹한데

동생이 먹던 아이스깨끼에
우윳빛 눈물만 뚝뚝

골목을 날아 멀리 온 소녀는
속눈썹 위로 골목이 걸려 있고

다른 구멍으로 달아난 동생 생각에
코끝이 맹맹

맨드라미

고운 옷 입고 싶었어
비단나비 날개 단
잠자리 모시 적삼 같은 옷

두꺼운 융 드레스를 입고
붉게 타올라야 했는데

눈길 한 번 못 받은 사람은 알지
세상 풍파 견뎌 본 사람은 알지

왜 스스로 꽃불 밝혀야 하는지
타닥타닥 피워 내야 하는지를

나목

도선사 입구에
잎새를 다 떨군 커다란 느티나무
둥치 밑 골 깊은 상처에
껍질이 바람에 흔들린다
살 에는 바람이 살갗을 스쳤다

몇백 년 동안 몇 번이나
터지고 벗겨져 갔을까

속에서 자란 응어리는
나이테 하나를 더 늘게 하지만

살아낸 이야기가 새겨진
한 표피가 떨어지면
또 한 번의 겨울을 살아내겠지

벌레 입가의 나뭇잎

매끈하지 않고
흠집이 있다는 건
나의 한 부분을 떼어주는 일

잇자국을 드러내 흔드는
저 구멍 난 나뭇잎은
어느 벌레의 젖줄이 되었겠다

가장 낮은 곳을 향해
뿌릴 내리고 돌아가기 전
누군가의 밥이 된다는 건

살아있는 동안
내가 할 수 있는 일 중에
가장 거룩한 일

주전 몽돌

얼마나
깎여야 둥글어질까

튕겨 나온 날카로운 마음
뚤뚤 뭉쳐져 불쑥 나오려는 욕심
버려라, 버리라고
밀려오는 파도의 춤에
차르르 차르르 노래를 한다

모난 바윗돌
얼마나 구르고 쓸려야
얼마나 밀고 당겨야
물결 소리에 젖어 구를까

물거품 벙그러진 주전 앞바다
차르르 차르르
둥글어지는 나의 맘

기장 앞바다

물결은 수평선 타고 물뱀처럼 와
바위섬 허리를 휘감고
몽돌 사이사이로 스며든다

붉은 등대에 어린 불빛
책상 위 30촉 희망 전구인 양
뱃길을 열어 반짝이고

밀물에 밀려난 햇살은
황혼빛 서산으로 기울어
누군가의 틈으로 스며들고 있었다
어둠 내린 바다에는

수국

그녀는 사는 동안 맘속에 피어난
사랑 하나 소망 하나
곱게 접고 접어 꽃대에 올려놓아요

새벽이슬에 젖어 접은 꽃잎
한 잎 두 잎 피워 올리면
날개를 펴는 나비가 되어요

여름 길에 날개를 펄럭이다
아무도 모르게 하나, 둘
날아가 버릴 나비들

바람의 색

초저녁으로 가는 길목
한낮의 더운 맛은 사라지게 하는
바람이 분다

바람이 창공을 가로 지르니
하늘은 푸른색 도시정원
송이구름 덧칠로 연분홍빛 노을 물들이고

화단에 핀 장미와 입 맞추니
노랗게 빨갛게 물들어 간다

바람은 지친 저녁 걸음을
빨간 마법 구두 발걸음으로
바꾸어 놓았다

바람 속엔
무지개 요정이 숨어 있는지
스칠 때마다
계절의 빛깔이 변하여 간다

사랑가

흰나비 노랑나비 한 쌍
정다웁게 노니는데

바람의 현, 한 가닥을 딛고
살짝 오르다 내려오고
다시 탄성을 받아 날아오르고

뒤에 따라 나는 나비도
현의 가락에 맞춰 나붓거린다

꽃향기에 취해
이리저리 노니는 나비야
일과 사랑이 하나처럼
근심 없이 노니는 나비야

나도 따라
꽃잎에 입 맞추며
바람의 가락에 맞춰 춤추고
사랑가 한 대목 완창하고 싶다

의류함

옷 정리를 하였다
내가 벗어 놓은 허물이
이렇게 많은 줄 몰랐다

내 살과 맞닿았던 껍질
아까워 버리지 못한 미련
의류함 입에 하나하나 넣어 주었다

남의 허물도 받아먹다니
참 무던한 넌
착한 매직 상자

내 낡은 부스러기가
너를 통하여
새롭게 피어나기를

의류함 옆에는
장미 나무가 연초록 잎새를
내밀고 있다

4·19 거리행진

이층에서 내려 본 종암동 대로에
그리운 숨결이 흐른다
역사의 젊은 피가 솟구친 그날의

붉은 깃발 펄럭이고
농악대 소리, 북소리가
뜨거운 함성 불러낸다

가자, 저곳으로
숨겨둔 그날의 심장이
젊은 피를 수혈하며 뛰기 시작한다

계승의 울림 둥둥둥
종암동 거리를 깨우고
4·19 푸른 정신이 새겨진
보도블록을 사이로
작은 풀잎들이 돋아난다

무거운 햇살

사월의 햇살이 무겁게
어깨를 눌러 발만 보고 걸었어

빛나는 것은
내겐 별 의미 없어
빛나라지 하였어

엉겅퀴 꽃이 최선을 다해
시멘트 바닥 틈새에서 꽃대를 올리고
있는 거
보랏빛 미소 한껏 머금고 내게 자꾸 눈길을
주는 거

산다는 건
남은 숨까지 끌어모아 빛을 내는 거
깨닫게 하는 순간이었어

저 끊임없이 내리는 햇살이
조금씩 어깨에서 벗어지고
있는 거야

비요일

물에 헹궈 꼭 짜지 않고
널어놓은 이불 홑청처럼
물방울 몇 개 툭 툭 흐립니다

그대랑
이쪽저쪽에 서서
꽉 비틀어 물기를 털어내고

커다란 산 바지랑대 세운
지평선 빨랫줄에 널어
햇살에 뽀얗게 말리고 싶습니다

그러면, 우리는 이쏙저쪽에서
물기 마른 웃음 짓고 환해지겠습니다

틈

찬 바람이 들어오는 곳에
당신이 끼어 있지
따뜻한 가슴이

햇살이
슬피 옭아맨 바구니
굵은 올 걸러 스며들고

보도블록에 핀
노란 민들레 눈 떠 오르고

담장 밑
살포시 앉은 채송화

다가와
말 걸어오는 그대

나의 거리
잘 겨냥해 빚어낸 풍경

누군가, 마음과 마음에
새어 나오는 온기로

움트는 미소처럼
자리를 내어 주는 일

가을 길

불판을 달구던 여름은
엊그제 같은데 태풍 몇 개 삼키고
가을은 슬그머니 들어와 은행나무도
가을빛 옷 한 벌 얻어 입었다

사는 건 그저
계절을 따라가는 것일까

노을이 붉은 아래로
구부정히 걷는 노인
손에 든 검정 비닐봉지엔
저녁 식사에 오를 반찬거리가
따스하게 느껴지는 저녁 6시

제4부

봄 양동이

도토리

툭, 떨어져 아이 손에 잡히면
장난감이 되고

할머니 손에 잡히면
묵사발이 되지

다람쥐가 낙엽 속에
숨겨둔 도토리

아무에게
선택되지 않아도 괜찮아

넌, 발아되어
숲을 지키는 참나무가 될 거야

비문碑文

불구덩이 장애물도 마다않고
마구 달려가는 칡넝쿨처럼
일과 전투를 치르던 여자

별안간, 차갑게 식으면
작은 비석에
'일과 싸우다 장렬히 전사하다'
라고 써달라 말하던 여자

푸른 달빛 아래 월광 소나타
리듬으로 걷다가
몸 안에 세포들이 빛으로 환원되는 듯
춤을 추고픈 여자

'달빛 아래 춤추던 여자'로
남아도 좋겠다는 생각을 하지

만약에 시에 묻혀서 살다 가면
'시처럼 살다 죽다'로
마침표를 찍을 수 있을까

이보다 더 좋을 순 없지

사슬

풀숲의 그늘엔
늙은 바랭이 알을 쓸어놓아 퍼런 솜털이 무성해요
달팽이 껍데기, 잃어버린 호미도 그 속에 있고요
부서진 새의 날개도 있어요

주인이 부재중인 비닐하우스
문 틈새로 돌아간 콩새
심장부에 놓인 콩무더기 콩콩 쪼아 먹던 날
들켜 한바탕 소동이 벌어지고
한쪽 발목이 의자 다리에 묶여졌어요

며칠 만에 자비로 풀려났지만
나는 법을 잊어버렸어요
키 큰 풀숲에 숨어 있어도
밤이 오고 비는 오는데
구하러 오는 친구 하나 없어요

길 가던 고양이 눈에 띄어 그만
장난감이 되고 말았어요
눈 쿡 찌르고 가슴 쿡 치고
머리 쥐어박고……
어떻게든 위기를 모면하려는 새

높은 나무 위로 후루룩 올랐어요

나무 위로 슬금슬금
따라오는 고양이

바닥에 부딪히면 통증을 느낄까요
떨어지는 저 끝에 닿기 전
날개를 펼 수 있을까요

활강하는 새
날개를 하늘 향해 뻗어요

화석이 되다

"어떻게 사셨어요"
어렴풋이 들린다

굳어져 하나씩 터지는 몸에
꽃이 피려나

어금니 꽉 물고 즐기듯 퍼붓는
난타에도 버텨 낼 때 있었는데

이젠 느슨해지려는지
등골은 견고하게 밀착한다

할머니가 넘어져 골절되었을 때
삼촌은 말했다
"척추에 골이 하나도 없데,
우리가 등골을 다 빼먹었나 보다"

태아처럼 몸을 둥글게 말고
바늘이 찌를 때마다
주문을 왼다

나는 화석입니다

내 삶에 저녁이 오면

파스텔톤 분홍 꽃빛 구름이
수평선에 걸렸다

노을에 홀린 쪽빛바다는
분홍빛 물비늘로 찰랑대고

어둠의 커튼이 닫히기 전
햇빛 알갱이들
붉은 명작 하나 남기고 사라지듯

고운 꽃물 가슴에 퍼담아낼 수 있다면
지는 꽃이 되어도 좋겠다

저 분홍 바다에 누워
일렁이는 꿈결 속에 잠길지라도

손끝에서 놓아버린 뭉텅의 시간

내 손에서 떠나간 것들은
어느 모퉁이에서 구부려 앉아 울고 있나

푸른 들판을 뛰어
교문을 찍고 교실 책상 옆 기대고 있는 감색 책가방

직장에 들어가선 첫 월급으로 산
어깨에 통가죽 가방

연애 시작할 때 분홍빛 뺨에 톡톡 두드린
분향이 솔솔 풍기는 찻집 탁자 위 클러치

아줌마가 되어선 아기용 파우더 향이 가득한
아기 옆에 기저귀 가방

이순에 접어드니 내 옆구리엔
때 지난 약이나 처방전 약들이 가득 찬 가방

세월, 어느 지점에 두고 놓쳤을까

빈 가방 속에 채워지는 건
내가 쫓아가던 거친 숨

나를 따라오던 숨결들

휘모리장단으로 몰아치는 일상에도
뭉글뭉글 일렁이는 기억 속의
잃어버린 꿈들이 꽃망울 터지듯
피어나는 빈 가방들

야근

모래 위에 서 있는 유리병이
기울어지기 시작한다

팽팽하게 힘줄 끌어당겨
빛을 쏟아부어야만
유리병을 지킬 수 있다고
사장님은 말하고,

밤 이슥토록 휘돌아갈 때
반딧불들은 발을 굴러
연신 빛을 밝힌다

먹어도 먹어도 배부르지 않은
실밥이 바닥에 쌓일 때
희끄무레한 새벽녘에 가닿는다

구두 불광 낸 듯
반질반질해진 핼쑥한 얼굴로
눈빛 마주 다독인다

뿌연 시간의 태엽이 풀리자
병 안에 잠자던 공명이 우르르

밤거리로 쏟아져 나와
밋밋한 불빛마다 엉겨 붙는다

초록빛 신호등 넘어
때론, 빨간빛 빈 차로로 돌진하는 우린,
언제 모래성처럼 부서질지 모를
내일을 향하여 질주한다

오징어 게임

바람이 골목의 회오리를 말아 넣자
눈이 빠져드는 작은 횟집 수족관
경계의 눈이 마주친 오징어 한 마리
삶과 죽음의 법칙 앞에 몸부림친다

2밀리로 얇게 썰어진 채 하얗고
투명한 빛으로 식탁 위에 올려져
살 한 점 떼어 초고추장에 찍는 순간
나선형으로 말리는 다리

오징어회도 못 먹는 여자는
죽은 오징어 몇 상자씩
내장 빼고 등뼈 제거해
장례 의식을 치른다

최종 목표는 너의 머리다
흙바람과 힘의 역풍을 거슬러야만
당도할 수 있는 게임의 법칙

아득한 물속 긴장을 끌고 오는
마른 오징어의 기억이
앞마당에 아련한 금줄로 그어져 있다

오징어 다리처럼 쭉쭉 뻗은 새벽 골목
바쁘게 움직이던 사람들은
다 술래로 잡혔는지 보이지 않는다

동태찌개

'동태 세 마리 삼천 원!'
트럭에서 외치는 소리
어디 한 번 동태찌개를 끓여볼까?

겨울 무를 깨끗이 씻어
툭툭 썰어 맨 아래 깔고
그 위에 샤워시킨 동태를 올려놓는다

양념 다대기 빨간 이불 한 장
동태 위에 덮어주고
둥근 양파 썩썩 썰어 얹으면
보글보글 사랑이 끓기 시작한다

냉장고 속 파며 부추며 깻잎, 청양고추는
새끼손가락 길이로 썰어 올려놓고

그 위에
두부 듬성듬성 썰어 켜켜이 올려
한 소끔 더 끓이면
사랑이 무르익듯 달큼한 찌개 냄새……

오목한 대접에 소담스레 담아

뜨건 밥에 한 숟가락 떠 넣으면
동태가 입안에서 살아 놀지
동해가 내 몸속으로 들어가지

염殮

잠자리 날개 속곳에
모시 적삼 걸쳐 입으셨다

검은 머리 정갈하게 빗질한 파리한 얼굴
연지곤지 화장하시고
용 비늘 고치 안으로 들어가신다

사각 나무집 흙벽 쌓으려고
한줄기 눈물 버무려 가신다
다시는 못 올 찰나적 만남
생살 찢어내는 아픔과
비통한 비 울음 뒤로한 채
차갑게 가신다

아, 마지막 가시는 길
임에게 기도 한 소절 올립니다
지평에 깔린 아픔 잊으시고
짊어진 짐 다 벗어버리시고
은빛 고운 날개 활짝 펴
날아오르소서
훨 훨

봄 양동이

눈 감았다 뜨면 일주일이 훅 지난다

칼바람에 납작 바닥에 붙어 있던 풀들은
어느새 수액을 끌어올려
고랑마다 흰 띠를 두르고 일어선다

사정없이 호미에 뽑혀 나간 너희들은
두엄자리에선 거름이 되겠지
벌써 관절이 삐걱거리는 나는 무엇이 될까

너와 내가 이렇게 사투를 벌이는 건
지구라는 정거장에서 잠깐
스쳐가는 인연일 거야

슬퍼하진 마
아마 우린, 먼지가 되겠지
우주로 가선 한 점 별이 될지도 몰라

풀 향기는 코 끝을 찌르는데
들꽃이 범람하는 낡은 양동이
봄을 운반하는 통이 된다

냉이

일곱 구 비닐로 멀칭 한 마늘밭 옆
빼꼼 싹을 내밀고 있다
언제 뽑혀 나갈지도 모르면서
밭둑 여기저기

성질이 칼날 같은 상사 눈길 피하듯
최대한 바닥에 납작 엎드려서는
실뿌리 깊게 박고 있다

배경이 수수하고 만만하다고
심장까지 얼 것 같은 서늘한 갑질도
잘 견뎌내던 읍내 공장에서 일하는 언니
눈웃음이 생각난다

언젠가 햇살 한 줌 쏟아질 거야
꽃대를 올릴 거야

소금꽃이 다 함께 일어나
봄의 詩를 읊조리고 있다

달무리

술잔에
나긋나긋한 고요가 담겨
사람들의 눈빛에 평온함이 흐른다

하루의 사막을 건너온 사람들
주점에 앉아
목에 걸린 황사를 씻어 내고

암회색 하늘 둥근달은 달무리 져
마음속 잔잔하던 호수 표면이
술렁이기 시작한다

비님이 올 것 같은
오월의 첫 번째 밤이
흐르고 있다

간판

도시 뒷골목
천국으로 오르는 계단처럼
층층이 서 있는 간판 아래 골목길
누군가의 어머니는 새벽 기도를 나가고
누군가는 하루를 마치고
누군가는 하루를 시작한다

헐레벌떡 숨이 찬 간판
간판 어깨를 올라탄 간판
얼굴을 잔뜩 붉히는 간판
며칠 전부터 불 꺼진 간판
한쪽 눈동자가 사라진 간판
간판 옆에 간판
간판 위에 간판
무수히 사라지고 태어나는
간판들 사이로
우뚝 솟은 붉은 십자가를
바라보며 걷는다

나는 어제부로
얼굴 없는 간판이다

달개비

모시 적삼
파릇하게 물들여 입고

달빛 부서지는 들판
살랑살랑 춤추는 여인

기도하듯 곱게 모은 두 손
꽃으로 피었는가

날개 접어 앉았다면
훠이훠이 날아오르렴

일제히 펄럭이면
세상 무엇이 두려울까
세상 모든 꽃이 너희만큼 강인할까

Happy box

버스 안 어느 여인
가슴 한복판 Happy box라는 로고가
새겨진 티셔츠를 입고 있다

저 여인 가슴속은 행복할까
내 가슴이 해피박스라면 좋을까

버튼 하나 누르면
세상 여유로움이 장착되고
사랑이 봇물처럼 범람하는 상자가
가슴속에 있다면
입술이 귀에 걸리는 사람이 될까

많은 사람을 포용할 수 있는
마음을 갖게 될까
불행 같은 건 오지 않는 걸까

이런 생각만으로도
웃음은
뽀글뽀글 절로 차는 걸까

감성적 일탈(逸脫)과 치열한 삶의 양상
– 강시연 시인의 『무거운 햇살』과 시적 관망

엄창섭(가톨릭관동대 명예교수, 「모던포엠」 주간)

❚ 작품해설

감성적 일탈(逸脫)과 치열한 삶의 양상
- 강시연 시인의 『무거운 햇살』과 시적 관망

엄창섭(가톨릭관동대 명예교수, 「모던포엠」 주간)

1. 변주(變奏)의 시학과 시적 교감

 어디까지나 직면한 삶의 일상에서 개념도 불투명한 이념의 극한 대립으로 심각한 갈등 구도와 맞물릴지라도 창조적 영혼은 응당 위대하고 생명감이다. 까닭에 '용서와 통섭(通涉)'을 자신의 삶에서 일관되게 지켜낸 아프리카 민족회의(ANC) 지도자인 남아연방의 넬슨 만델라(Nelson Rolihlahla Mandela)처럼 '몸소 꿈을 실현하지 않으면 불가능을 가능한 현실로 결코 전환할 수 없다.' 또 한편 힘겨운 삶의 시간대에서 시적 형상화는 끝없는 상상력과 연계성을 지니기에 특정한 시인의 시적 본질과 그 합리적 해법은 삶의 통찰력에 잇닿아 있다. 따라서 그 자신의 시적 언어로 독자 간의 긴장감을 자극하고 직물 대상을 변형시켜 '의사소통의 예술로서의 시'를 변주(變奏)함은 새삼 주의 깊게 검색할 일이다.

모름지기 강시연 시인의 제2시집 『무거운 햇살』(모던포엠, 2025) 해설에서 비록 우연의 일치일 것이나 평자가 고문으로 있는 『한맥문학』에서 신인문학상(2016)과 또 주간으로 그 역할을 담당하는 『모던포엠』의 추천 작품상(2021) 수상 또한 결코 예외일 수 없다. 까닭에 세속적인 틀을 헐고 부수며 암울한 세태를 의연하게 자신의 집념으로 헤쳐나가는 '창조적 영혼을 지닌 진정한 극소수의 실체'로 이처럼 내면의 아름다움을 추구하는 행위는 신선한 충동이다. 차제에 '우리의 소중한 삶에 있어 누군가를 만난다는 것은 때로는 운명적이다.'라는 지적처럼 그 자신의 첫 시집 『사과가 있는 정물』(모던포엠, 2023)의 평설에서 「일탈의 매혹과 직물 대상의 표리(表裏) - 강시연 시인, 그 묘유(妙有)의 기법과 시적 감응」에 접근하여 절망의 끝이 보이지 않는 조국의 암담한 현상을 우려하는 정신작업의 종사자로서 '민족의 역사요, 혼인 모국어의 속살에 대한 항변'을 일관된 의지로 표명한 평자의 평설도 한 번쯤 헤아릴 바다.

그렇다. '가파른 길 오르다 숨찬 모습이 보일 듯도 하지만, 다시 숨을 가다듬고 침묵 속에 관찰과 탐색으로 시인만의 시율(詩律)'을 보여준 그 자신이 제2시집 『무거운 햇살』의 서문격(序文格)인 「시인의 말」에서 "나의 중심은 언제나 잡히지 않는 내 안에 있다. 위로도, 아래로도 닿지 않는 공허 속의 수

렁···이순 지나 〈무거운 햇살〉에 그 중심을 옮겨놓는다."
라는 시적 의미는 의미심장하다. 일단 그 자신이 묶어내는 시
집의 편집 구도는 「시인의 말, 제1부 토르의 안장(16편), 제2
부 잔혹 동화(17편), 제3부 바람의 색(17편), 제4부 봄 양동
이(16편), 시집 평설」로 결(結) 고운 옷감처럼 그 매듭은 살아
온 세월의 연륜만큼 한결 짜임새가 치밀하다. 따라서 그 자신
이 지상에 갈 앉은 낮은 음조로 절절한 외로움과 고독을 자위
(自慰)하며 인간의 형상을 진솔하게 그려낸 간결함은 독자의
감응을 자극하기에 매혹적(魅惑的)이다.

이 같은 일면에서 즉물적 물상의 심부를 해체시켜주는 도식
으로 동시대의 독자에게 '들어냄보다는 감춤'의 담론을 표출
하며 소멸하는 것의 소중함을 실증하는 정신작업은 더없이 유
의미하다. 일단 '끝없이 끊임없이'를 반복한 그 자신이 "멀리
핏빛으로 일어서는 놀/바다가 흥건하다//기다림은 칼바람 속
에서도/간절한 기도로 서는 것(새해 아침의 기도)"의 보거나
"물안개 잔 물살 저어 떠밀려 오면/학 한 마리 춤추다 사라지
는 곳//이팝나무의 전설이/오묘한 비밀 그대로 고여 있다(위
량 못)"라는 시적 정황도 헤아릴 점이다. 까닭에 '창백한 얼굴
에 남천 빛 입술, 목덜미에 꽂히는 송곳니'에서 "절정의 뜨거
움을 위한 차가움/숨이 끊긴 팽배한 고요//쉿,//해동하는 에
스터 여신이/뒤척이기 시작한다(뱀파이어의 입술)"에서 응축
된 그 긴장감은 존재의 의미로 정체성을 확장하여 깨달음과
영혼의 정화로 결속되어 못내 유의미하다.

또 한편 내재된 생명 외경심이 감성의 시학으로 해명되는 소박하고 진지한 그 자신의 시적 행보는 혼성모방(pastiche)이나 화려한 희언(戲言)을 생리적으로 거부하면서도 차별화된 육성으로 정체성 있는 독자적 시의 지평을 열어놓고 있다. 까닭에 '제우스의 창이 하늘을 찢었다'라는 전제 아래 "나무 위, 차 위, 길 위로/하얀 물 알갱이들이 튀어 오른다//붉게 익어가던 사랑,/갓 핀 꽃, 시든 꽃 낙하되어/바닥에서 구른다(토르의 안장)"도 이채롭거니와 그 자신의 '이 악물고 있는 풀도 빗물에 힘을 놓고 와불처럼 눕는다'라는 시적 이미지의 형상화 뒤 "우비에 부딪혀 부서진다/그칠 줄 모르고/맨몸으로 받는 비의 두드림//키를 늘려 붉어지기 시작하는 고추/비를 견디고 서 있다(격물치지格物致知)"에서 그 의미망의 층위는, '감동의 파상과 영혼의 정화, 즉 시인의 시적 서정과 내면 풍경'이라는 관심의 연계성으로 응당 빛난다.

차제에 그 자신의 기억 흔적은 순수서정의 시학으로 해석될 뿐더러 한층 더 서정시의 쓰기가 고통스러운 시간대에서 다소 아득한 메르헨(Märchen)적 요소가 시적 정조로 물씬 묻어있는 "꽃집의 고명 프리지어 한 다발/구석 자리 고개 민 애기똥풀 한두 송이/샛강에 핀 수선화 한 움큼/야윈 개나리 울에서 한 아름//노랑은 무게가 있어도 없어요(노란 물감 한 박스를 구해야 할까 봐요)"라는 시적 변형 또한 '봄 깨우는 노랑 물을 만들어요'라는 청유형 어미의 효용성 뒤의 몽환으로 또 하나의 충격적 빛남은 찌든 언어공해로 상실한 독자의 감동마

저 회복시켜 주는 깊은 사유(思惟)에 맞물린 내적 충만에 연유한 깊은 울림이다.

2. 감성의 극대화와 모순(矛盾)의 동일성

 모름지기 그 자신은 자존감이 빛나는 정신작업의 종사자로서 새삼 유추(類推)되듯 '우주와 주파수를 맞추는 그 자신에게 시는 곧 하늘의 뜻과 동일성을 지니기에 포엠 토피아를 꿈꾸는 시인임'을 지적해도 지나치지 아니하다. 까닭에 지음(知音)에 잇닿은 그 자신의 창조적 영감은 자연의 순리를 거스르지 않는다. 또 한편 다소 압축미가 배제된 시편에서 생명의 씨앗을 파종(播種)하는 농부의 보폭은 새삼 현재성이 엄격한 탓일까? 언젠가 깊은 산중에서 길을 묻는 수행자에게 어느 선사가 "눈앞이 길이다."라며 일깨움을 주었듯 그 자신의 시편은 '시어의 현학성과 눈부심, 그리고 기법의 뛰어남이 응축되기'에 타자에게 공감대를 불러줄 따름이다.

 그 같은 맥락에서 시대를 앞서간 촘스키(N. Chomsky)가 "언어는 인간의 사고를 지배한다."라며 언어의 보편성을 비판적으로 제시하였듯 인간은 자기 흔적을 남기는 존재임은 자명할 따름이다. 이 같은 일면에서 그 자신의 시집「제2부 잔혹동화」에 수록된 시편에서 '연무가 스미면 삭제되어 가는 기억들'일지라도 "자주 오지 못하는 자식들에게/"난 괜찮다 어서 오너라"//"누군교?/찾아주셔서 고맙심데이"//이젠 자식들에게도 가끔/안개가 끼는 날이 오고 있다(안개주의보)"도 그렇거니와 모처럼 '돌 하나 던지면 깨질 듯 팽팽한 밤하늘'의 정경이 정신풍경화로 클로즈업(close-up)되는 현상에서 "노랗게 떨고 있는 가로수/옷 조각을 한 겹 한 겹 바람에 날리고//조각들은 바람을 안고/시월의 마지막 밤을 구른다//더운 포도주 한 잔/마음 데워 줄 그리운 그대/생각 나는 밤이다.(시월의 마지막 밤)"에서 또 그렇게 '시월의 마지막 밤'은 적조((寂照)함에 이끌려 깊어간다.

또 한편 따뜻한 감성의 소유자인 그 자신이 '의연 중 몸가짐에 기품이 묻어있다 할까 식구들도 상스러운 말로 다투는 일은 없었다'라는 다감한 감회(感懷)에 "서울 올라간다 할 때 할머니는/"무슨 일을 하든 중심을 잃지 말거라"/하지만 나는 전사로 살아내야 했다/나의 노동요는 하드락 혹은 메탈 음악/늘 액션 영화를 좋아했다(중심을 고쳐 세우고)"에서 마음을 다잡는 정황이다. 혹여 '제대로 못하면 어김없이 찢기는 통증이 등으로 번졌다'라는 육체적 고통을 감내하며 일관된 집념 곤추세워 "망토의 사내가 사라지자/성은 파괴되어 녹아내리기 시작했다//몇십 번의 강물이 얼었다 녹는 동안/물이 되지 못한 유빙이 강물 따라/흘러가며 벽을 찌르고 있다(잔혹 동화)"라는 일면에서 그 자신이 개아적 차별성을 지켜내며 소외된 타자 간에 진정 행복한 실체로 '푸른 생명의 언어를 끊임없이 조탁하는 정신작업'은 신선하여 매혹적이다.

비록 혼돈의 현대사회가 수시로 변형(變形)의 틀을 만들어 갈지라도 저마다의 삶을 존재감에 빛나는 특정한 시적 상상력과 생명감에 기인(起因)한 정신작업은 그 나름의 의미와 가치를 지닌다. 짐짓 '변주(variation)'의 개념이 '어떤 주제를 바탕으로, 선율·리듬·화성 따위를 여러 가지로 변형한 연주이거나 그 연주임'은 헤아릴 탓이기에, 한층 더 경이로운 현상은 '내구성이 견고한 잠자리 모시망으로 진화된 날개'일지라도 "날개를 한 번 움직여 봐//저기 우뚝 서 있는 푸른 숲/고단한 날개 내리고 잠을 청하는 보금자리가 되고/저 아래로 펼쳐진 바다는/너의 꿈 실현 시키는 이상이 되지//햇살은 뻐근한 너의 몸에/윤활유가 되겠지(히키코모리)"라는 그 자신의 안도감 뒤의 어설픈 넋두리는 못내 측은지심(惻隱之心)이다.

그 같은 관점에서 사각의 빌딩 숲에 몸담은 일상이지만, 이 땅의 누구보다 '더불어 함께'라는 공동체 인식을 소중하게 감응하고 그 자신의 삶에서 매몰차게 모남을 거부한 날(刃) 푸른 비평의식은 지극히 놀랍다. 따라서 단조로운 호흡의 '환한 달 속에 푸근한 미소 보내는 할머니 얼굴'은 물론이거니와 시적 형사(形似)는 "물빛 속에 세상 풍경 담은/새벽이슬//사랑하는 이에게/ 굴러가는 웃음소리//이 모든 게/내가 둥글어지고 싶은 이유(둥근 것들)"에서 켜켜이 지켜낸 자존감은 새삼 빛날 따름이다.

특히 러시아의 문예학자 시클로프스키(Victor Borisovich Shklovsky)가 주창한 예술창작 이론이 비록 일상화되어 친

숙하거나 반복되어 참신하지 않은 사물이나 관념을 특수화하고 낯설게 하여 새로운 느낌을 지니도록 표현한 '낯설게 하기'로의 경향은 새삼 헤아릴 바다. 까닭에 경이롭게도 금화처럼 반짝이는 한 올의 햇살에도 중량감(重量感)을 실어 이처럼 삶의 처소에서 '사월의 햇살이 무겁게 어깨를 눌러 발만 보고 걸었어'라고 가늠할지라도 한껏 중량감이 실린 푸른 식물성 언어로 빚어낸 그 자신의 제2시집에서 대표 시격(詩格)인「무거운 햇살」전문을 옮겨보기로 한다.

사월의 햇살이 무겁게/어깨를 눌러 발만 보고 걸었어//

빛나는 것은/내겐 별 의미 없어/빛나라지 하였어//

엉겅퀴 꽃이 최선을 다해/시멘트 바닥 틈새에서 꽃대를 올리고/있는 거/보랏빛 미소 한껏 머금고 내게 자꾸 눈길을/주는 거//

산다는 건/남은 숨까지 끌어모아 빛을 내는 거/깨닫게 하는 순간이었어//

저 끊임없이 내리는 햇살이/조금씩 어깨에서 벗어지고/있는 거야//
　　　　　　　-「무거운 햇살」전문

위의 시편에서 그 자신의 시 심리가 대립 구도로 변형되어도 합리적이되 상호보완적 공존의 양상은, "공간은 사회적 산물이다."라는 프랑스의 마르크스주의 철학자 앙리 르페브르(Henri Lefebvre)의 역설처럼 '눈앞에 전개되는 온갖 형상과 그리움'이 확증될뿐더러 시적 상상력의 확장에서 그 생동감은 친화력을 작동해 창조된 결과물을 빚어낸다. 또 한편 "빛나는 것은/내겐 별 의미 없어/빛나라지 하였어//엉겅퀴 꽃이 최선을 다해/시멘트 바닥 틈새에서 꽃대를 올리고/있는 거/보랏빛 미소 한껏 머금고 내게 자꾸 눈길을/주는 거(무거운 햇살)"라는 그 깨달음은 '남은 숨까지 끌어모아 빛을 내는' 즉 "누군가, 마음과 마음에/새어 나오는 온기로//움트는 미소처럼/자리를 내어 주는 일.(틈)"은 절대절명(絕對絕命)의 시간으로 준엄한 삶의 경계성(警戒聲)이다.

모름지기 철학적 사상시(思想詩) 계열에 실험주의적인 시 세계를 구축한 그 자신의 시적 차별화는 종교와는 무관할 것이나 우리 평단에서 '그 자신의 시적 혈맥에 고요한 정원 안에 다소곳이 움츠리고 앉아 시선을 응축하는 정감이 느껴운 시인으로 평가'되는 삶의 동질성에 비춰 시편 「비문碑文」과 「화석이 되어」는 동일 선상에서 관심을 지니고 관망할 점이나 그 양상은 아름다운 창조적 영혼의 결속(結束)이다. 까닭에 '이보다 더 좋을 순 없지'라고 자위(自慰)하며 "몸 안에 세포들이 빛으로 환원되는 듯/춤을 추고픈 여자//'달빛 아래 춤추던 여자'로/남아도 좋겠다는 생각을 하지 비문(碑文)"의 일면에서 지극히 겸허한 삶의 자세로 생을 반추(反芻)하듯 '나는 화석입니다' 담담히 자인(自認)하며 "굳어져 하나씩 터지는 몸에/꽃이 피려나//어금니 꽉 물고 즐기듯 퍼붓는/난타에도 버텨 낼 때 있었는데//이젠 느슨해지려는지/등골은 견고하게 밀착한다(화석이 되다)"라는 합리적 해법은 묵언으로 응시할 바다.

3. 사유의 깊이와 의미론적 순환

 모름지기 좌절과 절대 고독 앞에서『긍정적인 사고』의 창시자로 '만인의 성직자'인 노만 핀센트 필(Norman Vincent Peale)의 지적처럼 마음의 평정심을 올곧게 지켜낸 그 자신은 병폐적인 내면의 갈등을 해소한 시적 치유의 소유자다. 까닭에 그 자신의 담백한 시격(詩格)은 불투명한 사회현상에서 대다수 독자가 겪는 존재의 가벼움도 생동감 있게 변주시키는「사유의 깊이와 의미론적 순환」의 잇낳음이다. 따라서 밝은 미래사회의 구축을 위해 푸른 식물성 기호로 빚어낸 올곧은 '감동의 시학'은 존재의 뿌리를 확인하는 본질적 정신작업의 결과물이거니와 그 자신은 지극히 겸허(謙虛)한 삶의 실체로 시 짓기의 일상에서도 '난 초보 시인, 들처럼, 강처럼 자연스럽게 가고 싶다(나는 초보 시인)'를 항상 자처하기에 고정인식의 틀 깨기 또한 엄숙한 모티프(motif)의 동기부여(動機附與)다.

차제에 시집의 기승전결식(起承轉結式) 마지막 편집 구도인 「제4부 봄 양동이」의 양식(樣式)에서 혹여 '내 손에서 떠나간 것들은 어느 모퉁이에서 구부려 앉아 울고 있나'라는 반문이 주어지는 「손끝에서 놓아버린 뭉텅의 시간」의 형상화는 '모래 위에 서 있는 유리병이 기울어지기 시작하는' 현상에서도 새삼 주의를 기울이며 "팽팽하게 힘줄 끌어당겨/빛을 쏟아부어야만/유리병을 지킬 수 있다고/사장님은 말하고,//밤 이슥토록 휘돌아갈 때/반딧불들은 발을 굴러/연신 빛을 밝힌다(야근)"라는 지대한 관심사이기에 호흡을 가다듬고 반복을 거듭하며 응당 지켜볼 일이다.

각론하고 '456억 원의 상금이 걸린 의문의 서바이벌에 참가한 등장인물들이 최후의 승자가 되기 위해 목숨 걸고 극한의 게임에 도전하는 줄거리를 담은 넷플릭스(Netflix) 드라마'로, 지구촌에 K-문화의 관심도를 충격적으로 안겨준 게임의 이미지를 시적으로 형상화한 "아득한 물속 긴장을 끌고 오는/마른 오징어의 기억이/앞마당에 아련한 금줄로 그어져 있다//오징어 다리처럼 쭉쭉 뻗은 새벽 골목/바쁘게 움직이던 사람들은/다 술래로 잡혔는지 보이지 않는다(오징어 게임)"로 소재의 다양성을 끊임없이 추구하는 그 자신에게 이 또한 결코 예외일 수 없다.

그렇다. 황홀한 일몰(日沒)의 시간대, 비록 그 자신이 지상에 갈 앉은 나직한 음조로 읊어낸 '파스텔톤 분홍 꽃빛 구름이 수평선에 걸렸을지라도 '저토록 "어둠의 커튼이 닫히기 전/햇빛 알갱이들/붉은 명작 하나 남기고 사라지듯//고운 꽃물 가슴에 퍼담아낼 수 있다면/지는 꽃이 되어도 좋겠다(내 삶에 저녁이 오면)"라는 절박한 기대감과 설렘 뒤 '저 분홍 바다에 누워 일렁이는 꿈결 속에 잠길지라도' 못내 비장감은 서러운 눈물로 묻어날 따름이다. 또 한편 그 자신의 다양한 시 의식에서 기존의 형태에 머물지 않아 영혼이 자유로운 바람처럼 시의 본말(本末)인 순수서정성이 한껏 자리함은 아래의 시편「달무리」에서 담백한 시격(詩格)으로 고조되기에, 마치 '빈자(貧者)의 성녀 마더 테레사(Mother Teresa)의 별' 또한 새로운 변주(變奏)로 '눈빛에 평온함 흐르는' 개아(個我)의 차별성이 절대 별개일 수 없다.

술잔에/나긋나긋한 고요가 담겨/사람들의 눈빛에 평온함이 흐른다//

하루의 사막을 건너온 사람들/주점에 앉아/목에 걸린 황사를 씻어내고//

암회색 하늘 둥근달은 달무리져/마음속 잔잔하던 호수 표면이/술렁이기 시작한다//

비님이 올 것 같은/오월의 첫 번째 밤이/흐르고 있다//
  　　　　　　　　　　　　　　　　　　-「달무리」 전문

또 한편 바람의 통로와 생명 기표의 교신이라는 관점에서 창조하는 영혼은 아름답고 위대하기에 가슴 따뜻한 정신작업의 종사자라면 응당 소외와 갈등으로 인한 마음의 깊은 상처(trauma)로 좌절한 삶의 처소에서도 꿈과 비전을 꽃피워야 한다. 그 같은 상황에서 "모시 적삼/파릇하게 물들여 입고//달빛 부서지는 들판/살랑살랑 춤추는 여인//기도하듯 곱게 모은 두 손/꽃으로 피었는가(달개비)"의 '포괄적인 개념을 동반자적 관계로 유지하며 완전성을 구현하는 연유로' 꽃말이 '짧은 사랑, 외로운 추억'인 '달개비꽃'을 위한 시적 형사(形似)의 과정에서 시대적 소임을 충직하게 담당하며, 감성적 교감을 합일시켜 적확하게 통신하는 행위는 또 하루의 삶을 빛나게 한다.

어디까지나 화자(話者)인 그 자신이 '버스 안 어느 여인 가슴 한복판 Happy box라는 로고가 새겨진 티셔츠를 입고 있다'를 치밀하게 묘파(描破)한 한 폭의 정신풍경도 이채로울 것이나 시적 기법(craft)으로 반복법(-좋을까, -될까, -걸까)을 활용하며 굳이 '낯설게 하기'를 가늠치 않더라도 "버튼 하나 누르면/세상 여유로움이 장착되고/사랑이 봇물처럼 범람하는 상자가/가슴속에 있다면/입술이 귀에 걸리는 사람이 될까//많은 사람을 포용할 수 있는/마음을 갖게 될까/불행 같은 건 오지 않는 걸까(Happy box)"라는 그 낌새는 지극히 회화적(繪畫的)이다.

결론적으로 그 자신이 내면 인식을 다채로운 색조로 채색한 시적 수사(修辭)는 깊은 영혼의 상처로 고통받는 소외된 타자에게 따뜻한 위로와 신선한 감동을 안겨주기에 스스럼이 없다. 까닭에 차별성을 지닌 '마지막 못다 부른 정한(情恨)의 노래'는 순수한 영혼을 위한 결(結) 고운 언어의 그물망으로 건져 올린 눈부신 창조물이다. 그렇기에 강시연 시인의 자애로운 모성(母性)의 그 순수하고 맑은 영혼의 울림은 가일층 일체감으로 충직한 독자의 신선한 기대치다. 모쪼록 우리 현대 시문학사에 켜켜이 그 자신의 독자적인 시적 영토를 구축하며 알맞은 정신기후의 조성과 정체성을 확장하는 생명의 역동성에 거듭 감응할 따름이다.

강시연 제2시집

무거운 햇살

인쇄	2025년 10월 21일
초판1쇄발행	2025년 11월 4일
지은이	강시연
펴낸이	전형철
편집	갭
웹디자인	김태완
펴낸곳	갭 - 월간모던포엠출판부
후원	월간모던포엠
주소	서울시 중구 수표로4길 27, 상강빌딩 2층
전화	02-2265-8536
팩스	02-2265-0136
손전화	010-9184-5223
이메일	mopo64@hanmail.net
정가	10,000원

* 작가와의 협의하에 인지는 생략합니다
* 파손 및 잘못된 책은 교환해 드립니다
* 이 책의 저작권은 저자와 갭 모던포엠사에 있습니다

한국예술인복지재단에서 창작지원금을 받아
시집 제1집에 이어 제2집을 발간하게 되었습니다.